LE

1ᵉʳ MAI 1845

AU ROI

ET A LA FRANCE.

PARIS,

CHEZ TOUS LES MARCHANDS DE NOUVEAUTÉS.

1845.

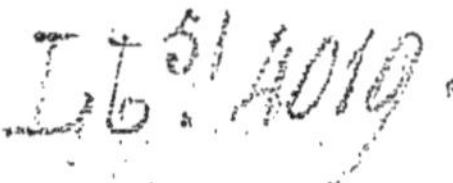

LE 1ᴱᴿ MAI 1845.

LE

IER MAI 1845.

──◦◦◦◦◦◦◦◦──

Au Roi et à la France.

Lorsque, — il y a quinze ans, — au milieu du bruit des armes et du haut des barricades, on put lire sur les murs de Paris cette affiche d'un patriote :

« Concitoyens,

« Charles X ne peut plus rentrer dans Paris; il a fait couler le sang du peuple.

« La République nous exposerait à d'affreuses divisions ; elle nous brouillerait avec l'Europe.

« Le duc d'Orléans est un prince dévoué à la cause de la Révolution.

« Le duc d'Orléans ne s'est jamais battu contre nous.

« Le duc d'Orléans était à Jemmapes.

« Le duc d'Orléans est un bon citoyen.

« Le duc d'Orléans a porté au feu les couleurs tricolores. Le duc d'Orléans peut seul les porter encore. Nous n'en voulons pas d'autres.

« Le duc d'Orléans ne se prononce pas ; il attend notre vœu.

« Proclamons ce vœu, et il acceptera la Charte comme nous l'avons toujours entendue.

« C'est du peuple français qu'il tiendra sa couronne. »

Lorsque, — embarrassés de leur victoire,—
les vainqueurs, — entourés de leurs pavés san-
glans, — ne savaient plus quels fruits produi-
rait leur immense succès ; —

Lorsque les citoyens de la ville, — et bien-
tôt après tous leurs frères des départemens,—
dans la crainte des excès fâcheux que pouvait
amener un repos armé à la suite des enivre-
mens du combat heureux des trois Jours, —
attendaient impatiemment, réclamaient à haute
voix le calme et l'ordre ; —

Lorsque, — de divers côtés, — s'annonçaient
des prétentions divergentes à l'exercice du pou-
voir, — à l'établissement de l'autorité direc-
trice des affaires de la France; — que le pays
était menacé d'une guerre civile prochaine; —

Le duc d'Orléans s'avança dans nos rues,
revêtu des couleurs nationales, — nous promit
la paix tant désirée, nous assura la garantie
des droits acquis, — tendit à nos mains sa
main secourable : —

Et un cri de bonheur se fit entendre ! — et
l'espoir ranima les esprits abattus ! — et nos
législateurs, — entraînés par notre propre
émotion, — confièrent les destinées de la patrie au prince que la patrie connaissait déjà, —
dont elle avait su déjà apprécier les patriotiques
vertus.

Heureuse France qui, —au bord de l'abîme,
— était secourue si à-propos !

Et depuis quinze ans nous nous sommes
glorifiés de notre choix.

Et les institutions ont grandi sous l'impul-
sion puissante de notre Roi populaire.

Et la France est unanime aujourd'hui dans
les actions de grâce qu'elle rend à Dieu pour
le bienfait qu'elle a daigné lui accorder dans
la personne du Roi que nous possédons.

Et les passions se sont éteintes devant les
splendeurs du trône, — à la vue du bonheur
public.

Ce bonheur est dû tout entier à la volonté

persévérante du roi, à cette insistance d'une vie intelligente et laborieuse qui lui permet l'examen de tous les intérêts de l'État.

Aussi nulle industrie, nul besoin n'a été négligé : —

Les exposans ont reçu les récompenses qu'ils avaient méritées ; —

L'agriculture a eu ses encouragemens particuliers ; —

L'activité nationale a continué l'élan progressif qui lui avait été donné depuis 1830 ; —

Les Beaux-Arts ont eu le prix des efforts à la faveur desquels nos artistes occupent une place si élevée dans l'opinion des autres peuples de l'Europe : —

Leurs chefs-d'œuvre ont enrichi les grandes collections de Versailles, du Louvre et du Luxembourg ; —

Ont embelli les lieux consacrés au culte chrétien.

Quant aux lettres, les faveurs dont le roi

les a rendu l'objet méritent d'être rappe-
lées : —

Des savans, des poètes, des écrivains ont eu
leur poitrine décorée de cette croix d'honneur
qui est aussi de la gloire; —

Un d'entre eux, — des plus dignes, — a été
appelé à occuper un des siéges de la pai-
rie ; —

D'autres ont trouvé leur position dans l'u-
niversité, — dans les bibliothèques, — dans
les chaires de l'enseignement : —

C'est de la sorte que la liberté de la presse, —
redoutable aux gouvernemens mauvais, — a été
incessamment admise à la protection spéciale
du monarque.

Et tandis que l'industrie, les arts et les lettres
puisaient une fécondité toujours renouvelée
dans les intentions constamment bienveillantes
du Roi, —

Les travaux publics prenaient un accroisse-
ment extraordinaire : —

Les rues, les quais, les places, les grands monumens de la capitale, recevaient des embellissemens vraiment prodigieux; —

Des chemins de fer, des routes, des canaux, des voies nouvelles de communication sillonnaient la France et venaient ajouter sans cesse des ressources inattendues à la fortune publique.

Et sondant l'avenir, — dans une profondeur de pensée qu'on ne saurait trop admirer, — le Roi faisait terminer ces fortifications merveilleuses qui, — le cas échéant, — rendraient les services qu'on aurait pu en attendre, à l'époque des événemens de 1814 et de 1815, si elles eussent été debout alors.

Mais ce n'est pas tout : —

Il faut relier les fortifications de Paris à un vaste plan de défense générale du royaume : —

Le Roi va y pourvoir. —

Puis, nous avons des côtes libres et entièrement dégarnies. —

Le roi va ordonner de les fortifier et de les armer.

Ce n'est pas que nous ayons à redouter, — quant à présent, — aucune attaque du dehors : —

Mais la prévoyance du Roi est infinie ; —

Mais on respecte toujours les peuples qui, indépendamment de leur courage, ont su mettre leur territoire à l'abri de toute tentative ambitieuse ou méchante.

Non, l'étranger ne doit point nous inspirer de crainte.

Voyez : —

Les relations de gouvernement à gouvernement sont dans les meilleurs termes : —

L'empereur du Maroc se montrait hostile envers nous, et nous avons marché à lui pour le punir : —

S. A. R. Monseigneur le prince de Joinville a bombardé Tanger et Mogador ; —

Le gouverneur de l'Algérie a remporté la victoire d'Isly :—

Quel cabinet s'est plaint du succès de nos armes?

Le Roi a fait le voyage d'Angleterre, —

Et il a été *entouré des manifestations les plus satisfaisantes pour la France et pour lui ; il a recueilli dans les sentimens qu'on lui a exprimés, de nouveaux gages de la longue durée de cette paix générale qui assure à notre patrie, au dehors, une situation digne et forte ; au-dedans, une prospérité toujours croissante, et la jouissance tranquille de ses libertés constitutionnelles* (1).

Et au jour où le roi a voulu marier S. A. R. Monseigneur le duc d'Aumale, il a demandé pour son fils la main d'une princesse de Naples,

(1) Discours d'ouverture des Chambres, prononcé par le Roi, le 26 décembre 1844.

et le roi de Naples lui a donné la princesse Marie - Caroline de Salerne.

Partout, à l'étranger, le roi inspire amitié et respect : —

C'est au roi qu'on est redevable de la paix générale : —

Le genre humain lui sera reconnaissant!

Souverain habile, éclairé, profond, sa politique et son influence ont garanti le monde contre les éventualités douloureuses de la guerre ; —

Roi patriote, il a élevé la prospérité de la France à un degré où elle n'était point encore parvenue : —

Que tous les bons esprits secondent ses efforts !

Que tous les bons cœurs lui répondent!

SIRE,

Permettez à un simple citoyen d'unir sa voix

à celle des autorités du peuple, et de répéter
ici ce cri éminemment français :

VIVE LE ROI!

S. M. la reine, — si bonne, si pieuse; — S. A.
R. Madame la princesse Adélaïde, dont la générosité est si étendue ;—les princes vos fils, dont
l'un partage la gloire et les fatigues de nos
soldats d'Afrique;—les princesses vos filles, —
et vos petits-enfans et vos enfans adoptifs, —
toute votre famille, —que la France aime et révère, — a droit à notre gratitude pour ses bienfaits, pour ses services, pour l'amour même
qu'elle vous porte, —et nous l'unissons à vous
dans nos vœux : —

VIVE LA FAMILLE ROYALE!

V. S.

PAUL RENOUARD,
imprimeur,
rue Garancière, 5.